돈 잘 쓰는 법

경제적인 어린이가 되고 싶다!
돈 잘 쓰는 법

초판 1쇄 발행 2023년 6월 19일
　　 2쇄 발행 2023년 11월 20일

글 박정현
그림 경자

펴낸이 고영은 박미숙
펴낸곳 뜨인돌출판(주) | 출판등록 1994.10.11.(제406-251002011000185호)
주소 10881 경기도 파주시 회동길 337-9
홈페이지 www.ddstone.com | 블로그 blog.naver.com/ddstone1994
페이스북 www.facebook.com/ddstone1994 | 인스타그램 @ddstone_books
대표전화 02-337-5252 | 팩스 031-947-5868

ⓒ 2023 박정현, 경자

ISBN 978-89-5807-962-0 73300

어린이제품안전특별법에 의한 제품표시
제조자명 뜨인돌출판(주) **제조국명** 대한민국 **사용연령** 8세 이상

✿ 경제적인 어린이가 되고 싶다! ✿

돈 잘 쓰는 법

박정현 글 | 경자 그림

뜨인돌어린이

작가의 말

친구들, 안녕하세요? 박정현 선생님이에요.

여러분의 꿈은 무엇인가요? 다들 무지개처럼 다양한 빛깔의 꿈을 꾸고 있을 거예요. 그런데 어떤 미래를 그리든 우리 삶에 유용한 게 있어요. 바로 '돈'이에요. 삶을 꾸려 나가기 위해서는 많든 적든 돈이 필요하지요.

돈은 우리의 평생 친구예요. 가까워지려면 잘 알고 다루어야 하지요. 언젠가 학교에서 놀이공원에 소풍을 갔는데, 집에 갈 때쯤 되니 양손에 주렁주렁 기념품을 들고 있었어요. 몇만 원짜리 인형을 턱턱 사기도 하고, 그동안 모은 용돈을 모두 탕진한 친구도 있었죠. 어떤가요? 과연 돈을 잘 다루는 모습이라고 할 수 있을까요?

여러분은 아직까진 돈을 잘 다루지 못해도 괜찮아요. 여태까지 돈에 대해 제대로 배운 적이 없잖아요. 하지만 어른이 되기 전에 제대로 배워서 돈을 슬기롭게 쓰는 법을 꼭 연습해야 해요. 아무리 많은 돈을 벌어도 잘 쓰지 못하면 밑 빠진 독에 물 붓기가 되고 말거든요.

이 책을 펼친 여러분이 얼마나 기특한지 몰라요. 돈 잘 쓰는 법에 관심 있는 여러분이라면 분명 풍요롭고 지혜롭게 살 수 있을 테니까요. **책의 마지막 장을 덮을 때쯤이면 돈과 한 발자국 더 가까워져 있을 거예요.** 돈과 평생 찐친이 되길 응원할게요.

박정현

등장인물

소희가 다솜이를 통해 친구 관계 맺는 법을 배웠다면, 이번에는 소희가 다솜이를 도울 차례다. 다솜이가 용돈 문제로 속을 끙끙 앓자 소희가 이런저런 정보들을 찾아본다.

아이돌 그룹 파스(PASS)를 정말로 사랑하는 소녀. 파스 정보라면 다솜이에게 물어보라! 그런데 용돈을 받고 나면 왜 바로바로 사라지는 걸까? 파스 때문에 용돈이 남아나질 않는 다솜이에게 경고 신호가 울린다.

순수한 마음으로 다솜이를 챙기는 걸까? 아니면 다솜이를 좋아하는 걸까? '파스'라면 물불을 안 가리고 행동하는 다솜이에게 민규는 잔소리를 자꾸 하는데… 아리송한 다솜이와 민규의 관계! 과연 남사친 민규의 활약은?

이제는 친구들과 함께 있는 게 좋은 정우. 가족 모두가 같이 살게 되면서 '경제적인' 생활에 대한 관심이 부쩍 커진다. 경제 책도 궁금하고, 경제 용어도 궁금하다.

박 쌤

초등학생들에게 '슬기로운 돈 쓰기'를 제대로 알려 주고 싶은 선생님. 진짜 중요하고 재미있는 돈 공부를 원한다면 경제교육 전문가 박 쌤을 만나 보자.

재연

부모님 카드를 마음대로 사용하는 초등학생이 있다고? 편의점, 문방구에서 재연이가 카드를 마구 쓰는 현장을 목격했다면, 긴급 제보해 주시길.

다솜 엄마

재활용품과 친환경 제품 사용에 관심이 높다. 예상치 못한 사건으로 '향초 가게'를 연다.

민규 엄마

요리 실력이 뛰어나다. '민규네 치킨'을 운영하는 사장님으로 다솜 엄마가 창업 준비를 할 때 많은 도움을 준다.

파스(PASS)

폭발적인 인기를 얻고 있는 아이돌. 콘서트 굿즈 선정 과정에 직접 참여할 정도로 팬과의 소통을 무척 중요하게 생각한다.

차례

등장인물

작가의 말 - 박정현

① 다들 왜 이러지?
② 충동구매
③ 왜 더 비싼 거야?
④ 아빠의 월급
⑤ 내가 사기를…
⑥ 진짜 속상해!
⑦ 선생님, 도와주세요!
⑧ 알고 싶다! 합리적인 소비!

⑨ 특별 선물
⑩ 정말… 미안해요
⑪ 벼룩시장
⑫ 완전히 달라진 나!
⑬ 이건 어때?
⑭ 세상에 이런 일이!

에필로그 - 우리들의 축제

작가의 말 - 경자

① 다들 왜 이러지?

오래전엔 물건끼리 교환했어

돈이 없던 시절, 사람들은 '물물 교환'을 했어. 그런데 문제가 생겼어. 서로 생각하는 물건의 가치가 다 달랐거든. 그래서 가치를 재는 도구를 만들기로 했어. 그것이 바로 돈이야. 그러자 사람들은 손쉽게 구할 수 있는 '조개'나 '돌멩이'를 물건 대신 사용하기로 약속했단다.

불편해, 돈을 만들자!

'조개'나 '돌멩이'가 완벽한 돈은 아니었어. 깨지고 부서지고 무겁기까지 했으니까. 그리고 딱히 쓸모가 없잖아? 그래서 사람들은 금이나 은처럼 누구나 갖고 싶어 하는 귀한 금속으로 돈을 만들기 시작했어. 오늘날 우리가 쓰는 돈의 모습이 비로소 갖춰지기 시작한 거야.

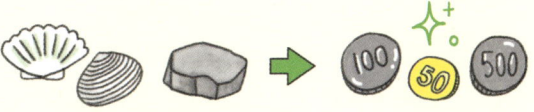

❝ 우리나라 돈에 새겨진 그림 ❞

우리나라 지폐의 앞면에는 존경받는 인물이, 뒷면에는 자랑스러운 발명품과 예술 작품이 그려져 있어. 천 원은 '퇴계 이황', 오천 원은 '율곡 이이', 만 원은 '세종대왕' 그리고 오만 원은 '신사임당'이 주인공이야. 이번에는 동전을 볼까? 오백 원 동전에는 고고한 자태를 자랑하는 학이, 백 원 동전에는 이순신 장군이 그려져 있어.

❝ 다른 나라 돈에 새겨진 그림 ❞

다른 나라도 국가를 상징하는 유명한 인물을 그려 넣는 경우가 많아. 미국의 1달러 지폐의 앞면에는 1대 대통령 '조지 워싱턴'의 얼굴이 인쇄되어 있어. 아프리카의 탄자니아에서는 코끼리, 사자 같은 동물을 넣어 동전을 만들기도 했단다. 멋진 자연과 동식물이 자랑거리이기 때문이지.

② 충동구매

"꼭 필요한 거 맞아?"

지금부터 아래 표에 평소 사고 싶은 물건을 쭉 적어 봐. 그리고 없으면 안 될 꼭 필요한 물건은 '필요', 없어도 생활에 지장이 없는 물건은 '욕구'에 동그라미를 그려 보자. 만약 욕구 물건이 많다면 조절이 필요하다는 신호야! 욕구 물건을 사면 안 되는 건 아니야. 당연히 사도 돼. 하지만 순서는 꼭 지켜야 해. '필요' 물건부터 먼저 사고 남는 돈으로 '욕구' 물건을 사는 거야. 이렇게 하면 사고 싶은 것들을 조절할 수 있어.

	물건	필요	욕구
1			
2			
3			
4			
5			
		총 ( )개	총 ( )개

💬 돈은 꼭 필요한 만큼만 들고 다니기 💬

돈이 있으면 괜히 쓰고 싶어져. 하지만 돈이 없으면 사는 걸 포기하게 돼. 자연스럽게 충동구매에서 멀어질 수 있지. 가진 돈을 모두 지갑에 넣고 다니는 친구가 있다면, 만약의 상황에 대비하는 최소한의 돈만 갖고 다니는 건 어떨까?

💬 하룻밤 자고 다시 생각하기 💬

충동구매 하는 친구들에게는 '24시간 법칙'이 효과적이야. 무언가 갖고 싶던 마음이 24시간만 지나면 감쪽같이 사라지는 걸 말해. 욕구가 들면 딱 하루만 기다려 보자. 하룻밤 자고 일어나면, 커져 있던 욕구가 콩만큼 작아져 있을 거야. 그동안 집에 비슷한 물건이 있는지 없는지 살펴보는 것도 좋겠지.

③ 왜 더 비싼 거야?

여기 물건은 볼 때마다 비싸지는 것 같아요. 가격은 어떻게 정해지나요?

선생님이 알려 줄게!

❝ 가격은 수요와 공급으로 정해져 ❞

만약에 스티커를 백만 원에 팔면 누가 살까?
아무도 사지 않으면 가격을 낮춘단다.
생산자 마음대로 가격을 정하는 것 같아도,
이처럼 가격이 정해질 때 소비자도 참여하지!
조금 어려운 말로 파는 걸 '공급', 사는 걸 '수요'라고 해.
가격은 수요와 공급이 만나 정해져.

❝ 이럴 때 가격이 올라 ❞

파스 굿즈 가격이 계속 비싸진다고 했지? 그건 파스의 인기가 많아져서 그래. 판매하는 양은 정해져 있는데 사려는 사람은 많아졌잖아.

즉, 수요가 공급보다
(많아지면) / (줄어들면)
가격이 올라.

❝ 이럴 때 가격이 내려 ❞

파스의 인기가 시들해지면 어떻게 될까? 아마 굿즈가 남아돌겠지. 비싼 가격에 사려는 사람은 거의 없을 테니 결국 물건값은 떨어져.

즉, 수요가 공급보다
(많아지면) / (줄어들면)
가격이 내려.

『 한정판으로 유혹하는 판매자 』

심리학자들은 연구를 통해, 희소한 물건일수록 더 갖고 싶어 한다는 사실을 발견했어. 판매자는 바로 이러한 심리를 이용하지. "아무나 가지지 못하는 특별한 물건입니다. 얼른 사세요." "놓치고 후회하면 늦어요." 이렇게 소비자의 구매 욕구를 자극하는 말을 하면서 말이야.

『 유혹에서 벗어나는 현명한 소비자 』

한정판 물건을 가지면 특별한 사람이 된 듯한 착각이 들어. 하지만 이런 만족감은 잠깐뿐이야. 오히려 필요 없는 물건을 한정판이라는 이유로 구매하고 후회하는 경우도 많아. 우리는 한정판의 유혹에 빠지지 않는 현명한 소비자가 되어야겠지?

아빠의 월급

❝ 다양한 종류의 소득 ❞

우리는 살아가면서 다양한 방법으로 돈을 벌어. 경제활동의 대가로 얻은 돈을 '소득'이라고 하는데, 하나의 소득을 얻는 사람도 있고 여러 개의 소득을 동시에 얻는 사람도 있어. 잠깐 아래 내용을 봐 볼까?

근로소득	사업소득
"우리 아빠는 회사에서 월급을 받아요."	"우리 엄마는 치킨집을 운영해요."
일한 대가로 얻게 된 소득을 '근로소득'이라고 해. 대부분 사람들은 직업을 갖고 일을 하며 돈을 벌어. 직업에 따라, 경력에 따라 월급은 다르단다.	'사업소득'은 직접 가게나 회사를 차려 버는 돈이야. 물건을 만드는 일, 판매하는 일, 서비스를 제공하는 일 등 사업으로 할 수 있는 일은 무궁무진해.
재산소득	우리 집 소득
"은행 이자를 받아요."	
'재산소득'은 자신이 가진 재산을 이용하여 얻는 소득이야. 은행에 저축해 두고 받는 이자, 집이나 건물을 빌려 주고 받는 임대료 등이 있어.	우리 가족이 건강하고 행복하게 지낼 수 있는 건 소득이 있기 때문이야. 부모님은 어떤 소득을 얻고 계실까? 함께 이야기 나눠 보자.

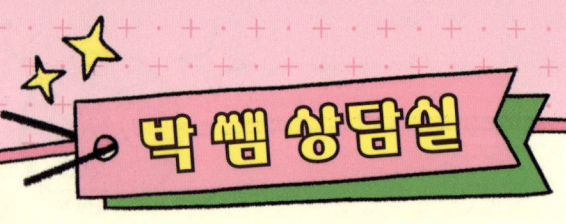

우리 집에서는 어떤 소비를?

부모님은 가족의 살림을 위해 다양한 곳에 돈을 쓰고 계셔. 집에 있는 돈이 어디에 쓰이는지 들여다보면…

이 그래프는 우리나라 보통 가정의 돈 쓰임을 조사해서 나타낸 거야.

그래프 면적 크기가 클수록 돈을 많이 쓴다는 뜻이야. 물론 어디에 얼마만큼의 돈을 쓰는지는 가정마다 달라. 음식을 냉장고에 잔뜩 사 두는 집이라면 '식료품비'가 많이 차지할 거야. 여행을 좋아하는 가족이라면 '음식·숙박비'에 많은 돈을 쓰겠지? 45쪽 표에서 돈의 쓰임에 대해 좀 더 자세히 설명해 줄게.

돈은 어디로 빠져나갈까?

식료품비	우리는 먹지 않고 하루도 살아갈 수 없어. '식료품비'는 음식을 사는 데 드는 돈이야.
음식·숙박비	여행을 가면 그 지역에서 맛난 음식점도 가고 잠시 지낼 숙소도 구해야 해. 이때 드는 돈을 '음식·숙박비'라고 해.
교통·통신비	우리는 이동할 때 차를 몰거나 대중교통을 이용하지. 그리고 인터넷과 전화도 매일 사용할 거야. 이때 드는 비용을 교통·통신비라고 해.
주거비	집에서 따뜻하고 안전하게 지내는 데도 돈이 필요해. 건물 관리비를 내야 하고 수도세, 전기세 게다가 난방비까지!
보건비	아프면 병원에 가서 진료를 받고 약을 사야 하지. 건강을 위해 쓰는 돈을 '보건비'라고 해.
교육비	공부하는 데 드는 돈이야. 책을 사거나 학원에 가기 위해서는 돈이 필요해.

아하!

⑤ 내가 사기를…

〝 중고 시장, 무엇이 좋은가요? 〞

중고 시장에 물건을 팔면 돈을 벌 수 있어. 반대로, 중고 거래로 물건을 사는 입장에서도 돈을 아낄 수 있어. 새 상품과 비슷한 조건의 상품을 훨씬 저렴한 가격에 살 수 있으니까. 참, 물건을 버리지 않으니 환경 보호에 도움이 되는 건 두 말하면 입 아프겠지.

〝 중고 시장, 무엇을 조심할까요? 〞

요즘엔 많은 사람들이 인터넷을 통해 중고 거래를 해. 그런데 인터넷 거래는 물건을 제대로 확인할 수 없다는 점이 가장 큰 걸림돌이야. 돈만 받고 엉뚱한 물건을 보내는 황당한 일도 일어나지. 물건 파는 사람의 거래 내역을 살펴보는 게 좋아. 만약 다솜이처럼 사기를 당한다면 즉시 경찰에 신고해야 해. 사이버 수사대에서 도와줄 거야.

"중고 거래, 시작해 볼까?"

어린이도 방법만 알면 중고 거래를 시작할 수 있어. 차근차근 따라와 봐!

1단계
방 청소하기
가장 중요해! 중고로 팔 만한 물건을 찾아보자. 온 가족이 함께 하면 더 재밌을 거야.

2단계
물건 고르기
어릴 적 갖고 놀던 게임기나 인형, 먼지를 보얗게 뒤집어쓴 책… 내겐 더 이상 필요 없지만 여전히 쓸 만한 물건들을 골라 보자.

3단계
가격 정하기
얼마에 팔면 좋을까? 가격을 정해 보자. 너무 욕심부려 비싸게 팔면 아무도 사지 않을 거야. 상태가 괜찮은 물건은 좋은 값에 팔 수 있겠지?

󠀠❝ 중고 물건을 판매합니다! ❞

아래 항목에 맞게 물품 설명을 채워 볼까? 단, 정확하게 빈칸을 완성해 보는 거다!

제목 :

물건 이름 :

물건 사진(그림) :

희망 가격 :

물건 소개 :

⑥ 진짜 속상해!

💬 간단한 계획을 세워 봐 💬

혹시 방학을 계획 없이 보낸 적 있어? 아마 시간이 순식간에 흐른다고 느꼈을 거야. 돈도 마찬가지야. 계획을 세우지 않으면 모래알처럼 우수수 빠져나가게 돼. 다행히 고민을 해결할 간단한 방법이 있어. 매일 돈을 얼마나 쓸지 정해 두고 넘기지 않기로 약속하는 거야. 처음엔 지키지 못해도 괜찮아. 계획을 세우는 것만으로 용돈 관리에 한 걸음 다가간 거니까!

💬 비상금을 만들자 💬

용돈이 다 떨어지면 막막할 거야. 부모님께 조를 수도 없는 노릇이고. 이런 상황에 '비상금'은 아주 유용하단다. 비상금을 만들려면 평소에 조금씩 용돈을 모아 두는 연습이 필요해. '쓰기도 부족한데 어떻게 저축을 해요?' 하며 불평하는 친구들도 있을 거야. 하지만 효과를 경험한다면 생각이 달라질걸? 받은 용돈에서 오백 원, 천 원, 이천 원을 떼어 내서 모아 두자. 혹시 알아? 비상금이 유용하게 쓰일 날이 올지.

"SNS에 취미 공유하기"

요즘 SNS에 자신의 취미를 영상으로 찍어 공유하는 어린이가 많아. 그림 그리기, 먹방, 게임, 춤추기, 다이어리 꾸미기 등 정말 다양하지. 자신의 채널이 인기를 끌면 돈은 저절로 따라올 거야. 물론 시간이 걸리기 때문에 꾸준함과 인내심은 꼭 필요해.

"가상현실에서 콘텐츠 제작하기"

요즘 로블록스나 제페토 같은 가상현실 놀이터를 이용하는 학생들이 많지? 그렇다면 가상현실 무대에서 마음껏 재능을 뽐내 봐. 로블록스에서 재밌는 게임을 만들어 팔 수도 있고 제페토에서 아바타 옷을 디자인하거나 짧은 드라마를 만들어 돈을 벌 수도 있어. 혹시 알아? 너의 콘텐츠가 세계로 뻗어 나가게 될지!

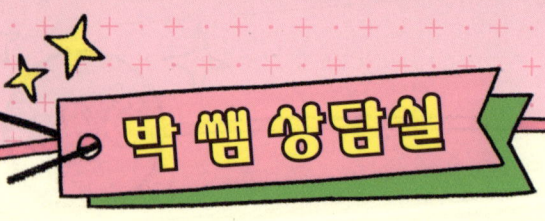

나만의 아이디어 상품 개발해 보기

독특한 개성이 돈이 되는 세상이야. 물론, 꽁꽁 담아 두기만 하면 안 돼. 세상을 향해 마음껏 드러내야 하지. 나에겐 어떤 창의적인 생각이 숨어 있을까? 이모티콘, 티셔츠 디자인, 기발한 발명품 등 무엇이든 좋아! 상상력을 동원해 아이디어 상품을 만들어 보자.

무엇을 만들어 볼까?

만들고 싶은 것 :

너만의 캐릭터를 만들어 봐!

7 선생님, 도와주세요!

맴~ 맴~

아웅- 더워.

김정우. 너네 집 들러서 뭐 좀 마시고 가도 돼? 콜라 있어?

사이다 있어.

" 현재만큼 미래도 중요해 "

문구점에서 새로 나온 학용품 사고, 편의점에서 간식 사느라 돈을 자꾸 쓰면 어떻게 될까? 당장은 기분이 좋겠지. 하지만 내일도 기분이 좋을까? 글쎄. 오히려 후회할지도 몰라. 이런 푼돈이 쌓이면 눈 깜짝할 사이에 큰돈이 되거든. 지금 돈을 쓰면 내일 혹은 일주일 뒤에도 만족할지 따져 보자. 미래에 하는 만족 역시 현재만큼 중요해.

" 기회비용은 적게 "

학교 마치고 편의점에 온 나. 지금 주머니에는 마침 딱 천 원이 있어. 삼각김밥을 먹을까, 딸기우유를 마실까? 이처럼 우리는 하나를 선택하면 다른 하나를 포기해야 하는 상황에 놓이곤 해. 이때, 어쩔 수 없이 포기한 것을 '기회비용'이라고 해. 만약 삼각김밥을 사면 딸기우유가 기회비용이야. 기회비용이 적은 쪽을 선택하는 게 경제적이겠지?

❝ "왜?" 하고 질문하기 ❞

지금부터 경제를 무척 쉽게 만드는 마법의 주문을 알려 줄게. 딱 한마디!!! "왜?"만 있으면 누구나 경제와 친해질 수 있어. **"왜 배달 치킨 가격은 2만 원일까?" "왜 유튜브 볼 때 광고가 나올까?"** 처럼 말야. 우리 일상은 무엇이든 경제활동과 관련되어 있단다. 그러니 호기심을 갖고 질문하면 거기에 숨어 있는 경제 원리를 쏙쏙 발견할 수 있어. 어렵지 않지? 그럼 지금부터 아래 광고를 보면서 질문을 만들어 볼까?

왜 이럴까?!

알고 싶다! 합리적인 소비!

" 합리적 소비란 "

합리적 소비란 '돈을 잘 쓰는 것'을 의미해. 아무리 많은 돈을 벌어도 흥청망청 쓴다면 지갑은 텅텅 빌 거야. 그래서 돈을 잘 쓰는 연습이 꼭 필요해. 돈을 잘 쓴다는 건 뭘까? 간단해. 시간이 지나도 후회 없이 만족스러우면 잘 쓴 거야.

아래 3가지 상황이 합리적인 소비인지 아닌지 생각해 보자.

❶ 학원 가는 길에 떡볶이를 사 먹었다.

▶ 이미 배가 부른 상태에서 사 먹었다면 합리적이지 못한 소비야. 하지만 배고파서 사 먹었다면 합리적인 소비야. 학원 가서 열심히 공부할 수 있는 에너지를 얻었으니까.

❷ 게임 캐시 충전해서 아이템을 샀다.

▶ 합리적이지 못한 소비야. 게임 캐시 충전을 하면 지금 당장은 기분이 좋을 수 있어. 하지만 더 좋은 아이템이 나오거나 게임이 질리게 되면 필요 없어질 테니까.

❸ 용돈을 모아 엄마 생일 선물을 사 드렸다.

▶ 합리적인 소비야. 소중한 사람에게 선물을 주면 무척 뿌듯하지. 받는 사람도 행복하고. 무리하지 않는 소비는 언제나 환영이야.

『 계획하기 』

후회 없는 선택을 내리기 위해 꼭 필요한 게 있어. 바로 '계획'이야. 문구점에 들렀다가 괜히 필요 없는 필기구나 장난감을 사 본 경험이 있지? 이렇게 계획 없는 소비를 계속하면 나중에 후회하게 돼.

돈을 쓰기 전에 스스로에게 딱 2가지만 질문하자.

- ✅ 나한테 꼭 필요한 물건인가?
- ✅ 미래의 내가 후회하지 않을 수 있을까?

이렇게 질문하는 습관을 기르면 어떤 상황에 부딪히더라도 합리적인 소비를 할 수 있을 거야.

〝 합리적 소비를 다짐하는 문장 쓰기 〞

나, ……………………… 은/는 합리적 소비를 위해

………………………………………………………………

………………………………………………………………

………………………………………………………………

………………………………………………………………

………………………………………………………………

……………………………………………… 하겠습니다.

나,
진다솜은…

"윤리적 소비란?"

동물 복지 달걀이 더 비싼 이유를 알려 줄게. 모든 달걀 껍데기(난각)에는 번호가 새겨져 있는데, 맨 끝 숫자는 닭의 사육 환경을 의미해. 동물 복지 달걀에 새겨진 숫자 '1'은 닭을 야외에 풀어서 키웠다는 뜻이야. 우리 안에 가두지 않고, 건강한 환경에서 좋은 음식을 주며 닭을 키우면 돈이 더 들겠지?

동물이 사는 환경을 중요하게 생각하는 사람들은 값이 좀 비싸도 동물 복지 달걀을 살 거야. 이걸 조금 어려운 말로 '윤리적 소비'라고 한단다. '윤리적 소비'는 쉽게 말해 '착한 소비'라고 할 수 있어. 나뿐만 아니라 이웃, 국가 그리고 소중한 지구 환경까지 생각하니까.

특별 선물

친구들이 특별 쿠폰을 줬어요!
근데 쿠폰은 언제 어떻게 생긴 거예요?

음, 그건 말이야.

" 세계 최초의 쿠폰, 코카콜라 "

세계 최초의 쿠폰은 1890년대 초 코카콜라에서 만들었어.
콜라를 알리기 위해 무료 음료 쿠폰을 집집마다 뿌렸다고 해.
쿠폰을 활용하면 생산자는 더 많이 팔 수 있고,
소비자는 원하는 것을 할인된 가격에 구매할 수 있어.
이처럼 쿠폰은 경제생활을 풍요롭게 만들어 줘.

💬 알면서도 속는 쿠폰의 비밀 💬

'○○쿠폰 사용 기한이 일주일 남았습니다.' 헉, 갖고 있는 쿠폰이 곧 사라진다니. 이런 메시지를 받으면 어떤 기분이 들까? 사람들은 쿠폰을 얼른 사용하려 할 거야. 아까우니까! 쿠폰 때문에 없던 관심이 생기고, 결국 필요하지 않은 물건도 종종 구입하게 돼. 아무리 똑똑한 사람도 쿠폰의 유혹에는 속기 쉬워. 그래서 오늘도 기업들은 쿠폰을 마구 뿌린다고.

💬 국가도 쿠폰을 만들어 💬

국가에서도 쿠폰을 만든단다. 우리 경제가 코로나19 팬데믹으로 큰 어려움에 빠진 적이 있었어. 그때 정부는 '소비 쿠폰'을 만들어 국민들에게 나눠 줬어. 영화 관람비나 외식비를 할인해 주는 쿠폰이었지. 쿠폰을 나눠 주면 국민들이 지갑을 열 테고, 그 덕분에 경제가 좋아지게끔 하려는 목적이었단다.

❝ '데이 마케팅' 어떻게 생각해? ❞

밸런타인데이, 화이트데이, 빼빼로데이… 우리나라에는 약 50개가 넘는 '데이'가 있다고 해. 기업들은 특정한 날을 기념일로 만들어 관련 물건을 집중적으로 판매하고 있어. 이를 '데이 마케팅'이라고 한단다. 실제로 빼빼로의 판매량은 빼빼로데이가 있는 11월에 가장 많다고 하니, 많은 소비자들이 자기도 모르게 데이 마케팅에 빠졌다는 사실을 알 수 있어.
각종 '데이'를 챙기는 것에 대해 어떻게 생각해? 의견을 들려줘!

나는 데이 마케팅이 필요하다고 생각합니다. 그 이유는,

나는 데이 마케팅이 필요하지 않다고 생각합니다. 그 이유는,

⑩ 정말… 미안해요

❝ 돈 모으기는 미래를 위한 준비 ❞

앞에서 알아봤듯이 음식, 옷, 병원비, 학원비 등 돈 들어갈 일이 많아. 근데 벌어들인 돈을 모조리 쓰는 집은 거의 없을 거야. 미래도 든든하게 대비해야 하니까. 그래서 부모님은 저축도 열심히 하셔. 당장 사고 싶은 게 있어도 우리 가족의 행복한 미래를 위해 꾹 참고 모으실 거야. 앞으로는 부모님이 다 사 주시지 않아도 이해할 수 있겠지?

❝ 투자를 하기도 해 ❞

어떤 부모님은 은행에 꼬박꼬박 저금을 하셔. 은행에 돈을 저축하면 안전하게 보관할 수 있지만 돈을 크게 불리지는 못해. 어떤 부모님은 주식이나 건물에 관심을 가져. 회사의 주식 혹은 건물이나 땅 같은 부동산에 투자하는 거야. 저축만으로는 충분하지 않다고 느끼시거든. 물론 자칫 잘못하면 재산을 날릴 수 있기에 신중해야 해.

"협상과 조정으로!"

'협상'은 서로 의견을 맞춰 가는 과정을 의미해.
우선 내가 원하는 용돈 금액에 대해 이유를 이야기해 봐.
부모님이 진지하게 귀 기울여 주실지도 몰라.
혹시 거절당한다 해도 떼쓰기는 금물!
서로 의견을 맞춰 가다 보면
만족스러운 결과를 얻을 수 있단다.

"용돈 정하기"

✚ 용돈은 얼마나 자주 받는 게 좋을까? ✚

선생님은 일주일에 한 번 받길 추천해. 한 달에 한 번은 기간이 너무 길어서 다음 용돈 받기도 전에 몽땅 써 버리기 쉬워.

✚ 용돈은 얼마나 받으면 좋을까? ✚

용돈은 처음부터 많이 받기보다 조금씩 늘려 가는 게 좋아. 친구들마다 필요한 용돈은 달라. 정하기 어렵다면 2학년 2천 원, 3학년 3천 원, 4학년 4천 원! 이렇게 기준을 정해 보자. 여기서 조정해 나가면 도움이 될 거야.

	나의 의견	부모님 의견
기간		
금액		
결론		원

박 쌤 상담실

> 돌아서면 용돈 달라고 하는 우리 아이, 어떻게 하면 좋을까요?

> 이렇게 해 보는 건 어떨까요?

"약속의 가치를 알려 주세요"

아이가 약속한 용돈보다 더 달라고 할 때가 있죠? 이때 마음이 약해져 또 주는 분도 있을 거예요. 그런데 예외를 자주 만들면 아이는 '신용'을 배우는 중요한 기회를 놓치게 돼요. 아이가 정해진 예산 안에서 소비하면서 절제와 조절을 배울 수 있도록 해 볼까요?

🙶 아이와 함께 돈 씀씀이를 들여다봐요 🙸

'별로 산 것도 없는데 돈을 다 썼네?' 하는 경험 있으시죠? 어른들도 이런데 아이들은 오죽할까요. 처음엔 번거롭더라도 아이들에게 소비 내역을 기록하게 하세요. 그리고 아이와 함께 보며 하나하나 이야기 나눠 보세요. 시간이 지나면 잘 한 소비인지, 후회되는 소비인지 분명히 드러나거든요. 그런데 정말로 아이의 용돈이 부족한 때가 있으니, 그때엔 용돈을 늘리는 게 좋답니다.

🙶 아이들과 함께할 수 있는 활동, 2가지 🙸

첫 번째 '함께 장보기'예요. 장 보러 가기 전에 집에서 사야 할 목록과 예산을 정하면 좋아요. 아이들은 현실 물가를 익히고 주어진 예산 안에서 꼭 필요한 것을 사는 능력을 길러요. 두 번째 '안 쓰는 물건 나누기'예요. 우리 집에서 쓰임을 다한 물건을 함께 찾아보세요. 그리고 물건이 소중하게 쓰일 수 있는 단체에 기부하거나 나눔을 해요. 아이와 소감 나누기도 기억해 주세요.

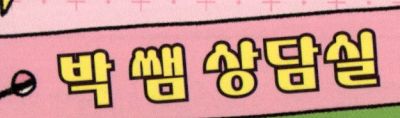

박 쌤 상담실

벼룩시장에 저희와 똑같은 품목을 파는 가게가 또 있었어요. 경쟁이… 꼭 필요한가요?

음, 그건 말이야.

" 정정당당한 경쟁은 꼭 필요해 "

똑같은 상품을 파는 곳이 있어 신경 쓰였구나. 그럴 수 있어.
하지만 시장에서 경쟁은 꼭 필요해. 서로 앞서기 위해
노력하면서 좋은 결과물이 많이 나오거든.
새로운 기술이 등장하고 발명품이 탄생할 수 있어.
그렇게 우리 사회는 발전해 왔어.
만약 경쟁이 없으면 어떻게 될지 상상해 볼래?

〝 경쟁이 사라진다면? 〞

세상에 양초 파는 가게가 딱 한 군데밖에 없다고 상상해 보자. 가격을 터무니없이 올려도, 품질이 나빠도, 사장이 불친절해도 우리는 할 수 있는 게 없어. 양초가 필요하면 울며 겨자 먹기로 살 수밖에 없겠지. 이렇게 경쟁자가 존재하지 않거나 거의 없는 경우를 '독과점'이라고 해. 독과점은 소비자에게 불이익을 줄 수 있기 때문에 조심해야 해.

〝 경쟁할 때 규칙은? 〞

우리는 누구나 자유롭게 경쟁할 수 있어. 하지만 반드시 지켜야 할 규칙이 있단다. 만약 아이스크림 회사끼리 경쟁하지 않고 입을 맞춰 가격을 높게 올리면 어떻게 될까? 원래는 경쟁하며 가격을 적당하게 낮추기도 해야 하는데 말이야. 결국 피해는 고스란히 소비자들이 떠안게 되지. 이렇게 규칙을 어기면 시장이 큰 혼란에 빠질 수 있어. 다행히 우리나라 정부는 반칙 없이 정정당당하게 경쟁이 이뤄지는지 감시하고 있어.

박 쌤 상담실

"다양한 경쟁의 세계"

기업들은 고객을 끌어모으기 위해 다양한 경쟁을 벌여. 시장에선 어떤 경쟁이 벌어지고 있을까?

싸게 할인하는 '가격 경쟁'

'가격 경쟁'은 가장 흔히 볼 수 있는 경쟁이야. 기업은 고객을 끌어모으고 소비자는 더 낮은 가격에 물건을 구입할 수 있으니 이득이지. 하지만 지나치면 곤란해. 가격 경쟁이 심해지면 기업은 품질이 떨어지게 제품을 만들 수도 있거든.

널리 알리는 '광고 경쟁'

기업은 좋은 제품과 서비스를 만들고 사람들에게 널리 알려야 해. 그래서 유명인을 모델로 쓰거나 TV나 인터넷 등에 광고 사진과 영상을 싣는 등 사람들의 눈에 띄기 위해 막대한 비용을 지불하고 있어.

더 좋은 물건을 만드는 '품질 경쟁'

우리나라에서 만든 TV는 세계에서 널리 인정받고 있어. 세계적으로 경쟁력 있는 제품을 만들기 위해 오랜 시간 노력한 끝에 얻은 소중한 결과물이지. 덕분에 소비자들은 우수한 상품을 구입할 수 있게 되었어.

친절하게 고객을 대하는 '서비스 경쟁'

소비자라면 가급적 더 친절하고 좋은 서비스를 제공받고 싶을 거야. 그래서 기업들은 무료로 수리를 해 주거나 여러 혜택을 주는 등 더 나은 서비스를 제공하기 위해 경쟁한단다.

⑫ 완전히 달라진 나!

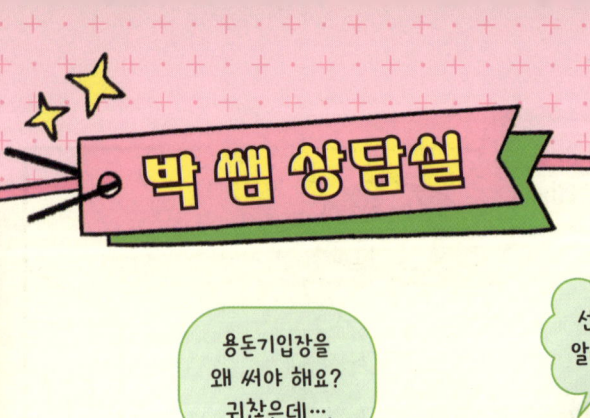

"부자 되는 알뜰 습관, 용돈기입장"

부자들은 공통점이 있어.
돈이 얼마나 들어오고 나가는지 확실히 알고 있다는 거야.
용돈기입장을 쓰면 돈의 움직임을 한눈에 파악할 수 있어.
우리 함께 일주일간 용돈기입장을 쓰면서
씀씀이를 되돌아보고 알뜰 습관을 길러 볼까?
어느새 부자에 한 걸음 더 가까워질 거야!

예산서, 기입장, 결산서 적어 보기

예산서 : 용돈 받은 날 작성하는 계획표예요. 현재 가진 돈이 얼마인지, 어디에 얼마를 쓸 계획인지 예상해서 적어요.

	내용	금액(원)
수입	이번 주 용돈	3,000
	남은 용돈	500
	합계	3,500
예상 지출	교통비	1,000
	간식비	2,500
	합계	3,500

기입장 : 돈이 들어오고 나간 내용을 날짜별로 정리해요. 돈이 들어오고 나갈 때마다 잔액을 계산해서 적어요.

날짜	내용	수입	지출	잔액
/				
/				
/				

결산서 : 결산서는 마지막에 작성해요. 용돈기입장을 보고 돈을 어떻게 썼는지 정리하고 잘한 점, 반성할 점, 고칠 점 등을 적어요.

	내용	금액(원)
수입	이번 주 용돈	3,000
	남은 용돈	500
	합계	3,500
지출	교통비	1,000
	간식비	1,000
	합계	2,000
잔액		1,500
잘한 점		군것질하지 않아서 간식비를 절약했다.
고칠 점		한 번 더 고민해 보고 사자.

" 용돈기입장 일주일 챌린지 시작해 볼까? "

날짜	내용	수입	지출	잔액
/				
/				
/				
/				
/				
/				
/				
일주일이 지났어요. 얼마나 남았나요?				

잘한 점	
고칠 점	

"카드, 제대로 알고 써야 해"

결제할 때 카드 한 장 쓱 내밀면 얼마나 편리한지 몰라.
당장 돈을 내지 않아도 물건이나 서비스를 살 수 있으니까.
그런데 카드값은 갚아야 할 빚이라는 사실 알고 있니?
카드를 쓸 때는 꼭 필요한 소비인지,
갚을 능력이 되는지 생각해야 해.
편리한 만큼 책임이 따르는 법이야.

❝ 어른만 만들 수 있는 '신용카드' ❞

'신용'이란 돈을 빌린 사람이 갚을 수 있는 능력을 의미해. 신용카드는 어른이라도 누구나 만들 수 있는 건 아니야. 소득이 있거나 재산이 있어야 하지. 그래야 카드 회사도 믿고 돈을 빌려줄 수 있으니까. 신용카드는 적절히 사용하면 무척 편리해. 하지만 씀씀이를 조절하지 못하면 무시무시한 카드 빚을 지게 될 위험이 있어.

❝ 어린이도 만들 수 있는 '체크카드' ❞

어린이들은 소득이 없으니 신용카드를 만들 수 없어. 대신 부모님의 동의 하에 '체크카드'를 가질 수 있어. 체크카드는 돈을 넣어 놓고 쓰는 카드야. 쓴 만큼 빠져나가고, 가진 돈 이상 쓸 수 없기 때문에 과소비할까 염려하지 않아도 돼. 소비의 유혹에 빠지기 쉬운 사람이라면 신용카드 대신 체크카드를 쓰는 게 도움이 될 거야.

이건 어때?

〝 유튜브로 스타가 된 저스틴 비버 〟

세계적인 가수 저스틴 비버는 SNS 덕분에 인생이 바뀌었어. 비버는 캐나다의 작은 시골에서 살던 평범한 소년이었어. 어린 시절부터 음악을 좋아하던 비버는 13살 때 유튜브에 자신이 노래하는 영상을 올렸어. 그다음에 일어난 일을 들으면 깜짝 놀랄걸? 미국의 유명한 연예 기획자가 우연히 비버의 영상을 보고 반한 거야. 덕분에 비버는 미국으로 건너와 가수로서 활동을 시작할 수 있었어.

〝 틱톡에서 난리 난 핑크 소스의 정체 〟

틱톡은 짧은 영상을 올리는 SNS야. 하루는 틱톡에 핑크색 소스를 음식에 발라 먹는 영상이 올라왔어. 핑크색 소스가 워낙 독특하다 보니 관련 영상 조회 수는 엄청 높았어. 그리고 인기에 힘입어 '핑크 소스'는 정식으로 팔리게 됐지. 하지만 곧 사람들은 실망했어. 핑크 소스 맛이 형편없었거든. 핑크 소스를 틱톡에 올리고 판매한 사람은 큰돈을 벌었지만 소비자들은 돈을 날린 셈이 되었단다.

"거짓, 과장 광고가 판치는 SNS"

요즘 SNS를 보면 거짓말을 섞은 거짓 광고, 실제보다 효과를 부풀린 과장 광고가 쏟아지고 있어. '돈만 벌면 된다!'라는 생각으로 법과 양심을 어기는 사람들이 많아. 안타까운 현실이지. 그래서 우리 스스로가 잘못된 광고를 구별하는 능력을 기르는 게 무엇보다 중요해.

" 찾아라, 거짓 과장 광고! "

SNS에서 나쁜 광고를 몰아내려면 우리의 적극적인 노력이 꼭 필요해. 아래 광고에서 거짓말이거나 과장된 부분이 무엇인지 찾아볼까?

맞았어. 안마 의자에 앉아 있다고 해서 머리가 좋아지진 않아. 스트레스는 풀 수 있겠지만 말이야. 또 키가 커진다는 건 정말 말도 안 되는 거짓말이라 할 수 있지. 정말 그런 의자가 있다면 노벨상이라도 받아야 하지 않을까?

다솜이 아이디어가 상품으로 만들어졌대요. 상품은 어떻게 만들어지는 거예요?

선생님 이야기를 들어 볼래?

"상상이 현실이 되는 상품 만들기"

세상 모든 물건은 누군가의 작은 아이디어에서 탄생했어.
우산 같은 간단한 물건부터 스마트폰 같은 복잡한 물건까지
모두 처음엔 상상에 불과했지만 결국 세상을 바꾸었지.
작은 아이디어가 지닌 힘, 놀랍지 않니?
상상이 어떤 과정을 거쳐 물건이 되는지 알아보자.

〝 아이디어가 상품이 되는 5단계 〞

✚ 1단계 아이디어 스케치 ✚

모든 물건은 아이디어에서 만들어져. 세상에 없던 물건을 발명할 수도 있고, 이미 있는 물건을 더욱 좋고 편하게 만들 수도 있지.

✚ 2단계 시장 조사 ✚

기껏 물건을 만들었는데 사람들이 관심을 주지 않으면 곤란할 거야. 그래서 '시장 조사'를 해야 해. 내가 팔려는 것을 사람들이 실제로 살 것인지, 시장에 이미 비슷한 물건이 팔리고 있는지도 살펴봐야 하지.

✚ 3단계 시제품 만들기 ✚

아이디어는 아이디어일 뿐! 실제로 물건을 만들면 생각과 다른 점이 나타나기 마련이야. 그래서 시제품(시험 삼아 만든 물건. 영어로 샘플)을 만들어 마음에 들 때까지 고치는 과정이 필요해.

✚ 4단계 가격 정하기 ✚

가격을 얼마로 할지 정해야 해. 너무 싸게 팔면 손해를 입을 수도 있고, 반면 너무 비싸게 팔면 사람들이 사 주지 않을 테니 적절히 정해야 한단다.

✚ 5단계 생산 및 판매하기 ✚

물건을 얼마나 많이 만들지 정해야 해. 처음에는 적게 만들어 사람들의 반응을 살펴보며 늘려 가는 게 좋아. 자, 물건이 완성됐다면 판매를 시작해 보자.

" 도전, 경제 잘 아는 어린이! "

경제 공부에 나이는 중요하지 않아. 지금부터 경제 잘 아는 어린이가 되도록 실천해 볼까? 그렇다면 우선 돈을 어떻게 잘 쓰고 싶니? 너의 이야기를 들려줘.

1. 나의 용돈은 얼마?

사고 싶은 게 너무 많아!

2. 이번 달 꼭 써야 할 곳은?

우리들의 축제

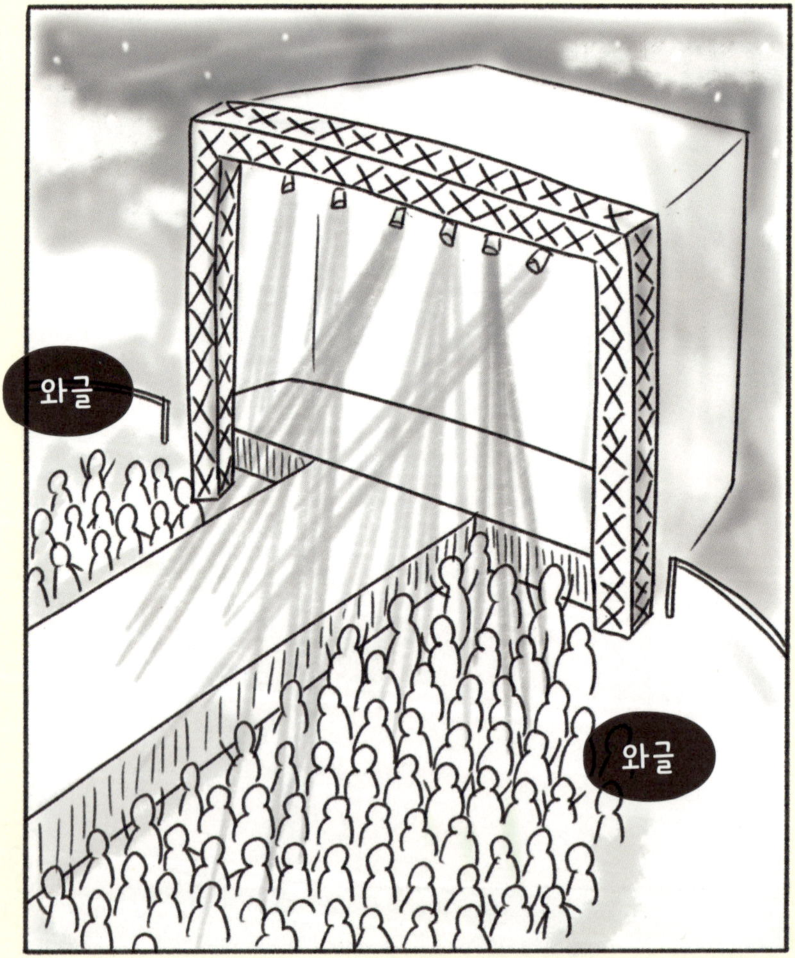

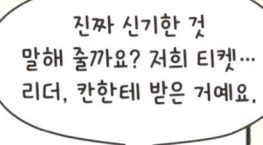

이렇게…
누군가의 팬이 돼서
좋은 소비자가 되기도
하는 거지.

여러분의 애착 1호는 무엇인가요? 인형? 가방? 아니면 축구공? 너무 많아 하나만 고를 수가 없다고요?

가방으로 예를 들어 볼까요? 지금 그 가방이 여러분의 손에 오기까지 얼마나 많은 사람들을 만났을까요? 우선 가방의 천을 짜낸 사람이 있겠고, 가방을 디자인한 사람이 있을 거예요. 부모님에게 가방을 판 가게 직원도 있겠죠. 어디 이뿐만일까요? 가방이 가게에 가기까지 배달한 유통 관계자, 포장 담당자, 심지어 가방 광고를 만든 광고 전문가들도 있을 거예요. 가방, 인형, 축구공이 여러분의 손에 오기까지 거친 여행이 상상이 되시나요?

이 책도 마찬가지예요. 이 책이 여러분에게 닿기까지 많은 사람의 역할이 필요했어요. 이른바 '경제활동'이라는 행위를 통해 우리는 서로를 필요로 하고 서로 영향을 미치고 있어요. 이 책을 통해 제가 돈을 벌게 되면 저는 어떤 행동을 할까요? 저는 장바구니에 넣어 두기만 하고 고심하던 옷을 살 거예요. 그러면 옷 판매자는 제가 물건을 사 준 덕분에 돈을 벌고 그 돈으로 더 좋은 품질의 옷을 또 만들 수도 있겠죠. 아니면 시장에 가서 먹고 싶은 음식을 사거나 인형을 사서 누군가에게 선물할 수도 있어요. 이렇게 따져 보니 책을 통해 여러분과 저도 열심히 경제생활을 했네요.

다솜이는 이제 돈을 써야 할 때 좀 더 신중하게, 꼼꼼히 살피겠지요? 민규와 소희, 정우와 재연이도 박 쌤의 조언대로 합리적인 경제활동을 하나씩 실천하고요. 독자 여러분도 합리적인 경제활동을 시작해 보실래요? 용돈의 세계와 관리법이 궁금해질 때면 언제든 이 책을 열어 보세요.

경자